...ociation Littéraire & Artistique

INTERNATIONALE

FONDATEURS :
VICTOR-HUGO. — Louis ULBACH. — Louis RATISBONNE.
Eugène POUILLET.

MEMBRES PROTECTEURS :
S. M. ELISABETH, reine de Roumanie. — S. M. LÉOPOLD II, roi des Belges.

1878-1906

PRÉSIDENTS PERPÉTUELS :

MM. Frédéric Baetzmann (Norvège). — Eug. Roty (France). — Frans Gittens (Belgique). — Massenet (France). — Ladislas Mickiewicz (Pologne). — Gustav Diercks, Paul Schmidt, Robert Schweichel (Allemagne). — Baron de Rolland (Monaco). — Giovanni Visconti-Venosta, Paul Roux (Italie). — Armand Ocampo (République Argentine).

Secrétaire perpétuel : M. Jules Lermina.

BUREAU DE LA SESSION

PRÉSIDENTS D'HONNEUR :

MM. Auguste Rodin, Jules Claretie (France). — Richard Strauss, Sudermann (Allemagne). — Aug. Bernaert, Gevaert (Belgique. — Guiseppe Giacosa (Italie). — Henri Morel (Suisse).

PRÉSIDENTS

MM. Georges Maillard (France).
G. Pfeiffer (France).
T.-G. Djuvara (Roumanie).
E. Eisenmann (Allemagne).
Alb. Osterrieth (Allemagne).
Paul Wauwermans (Belgique).
Aug. Ferrari (Italie).
Thorwald Solberg (Etats-Unis).

TRÉSORIER

M. Ed. Mack (France).

SECRÉTAIRES GÉNÉRAUX

MM. André Taillefer.
Henri Lobel.

VICE-PRÉSIDENTS

MM. Enesco (Roumanie).
Alcide Darras (France).
Lucien Layus (France).
Charles Bartaumieux (France).
Davanne (France).
Chev. Penso (Italie).
Tito Ricordi (Italie).
Castori (Italie).
Paul Œker (Etats-Unis).
Halpérine-Kaminsky (Russie).

SECRÉTAIRES

MM. Holban (Roumanie).
E. Rœthlisberger (Suisse).
Ferrucio Foa (Italie).
Chev. Pesce (Italie).
Ed. de Huertas (Espagne).
A. Vaunois (France).
Georges Harmand (France).
Maurice Maunoury (France).
Raoul De Clermont (France).
Charles Claro (France).
G. Kugelmann (France).

28ᴱ SESSION — CONGRÈS DE BUCAREST

20-26 Septembre 1906

LA LÉGISLATION

Sur la propriété Littéraire et Artistique en Roumanie

SIÈGE SOCIAL : **117, Boulevard Saint-Germain, Paris**
(HOTEL DU CERCLE DE LA LIBRAIRIE)

CONGRÈS DE L'ASSOCIATION

1879 — Londres.
1880 — Lisbonne.
1881 — Vienne.
1882 — Rome.
1883 — Conférence de Berne.
1883 — Amsterdam.
1884 — Bruxelles.
1885 — Anvers.
1886 — Genève.
1887 — Madrid.
1888 — Venise.
1889 — Paris.
1889 — Conférence de Berne.
1890 — Londres.
1891 — Neufchâtel.
1892 — Milan.
1893 — Barcelone.
1894 — Anvers.
1895 — Dresde.
1896 — Berne.
1897 — Monaco.
1898 — Turin.
1899 — Heidelberg.
1900 — Paris.
1901 — Vevey.
1902 — Naples.
1903 — Weimar.
1904 — Marseille.
1905 — Liège.
1906 — Bucarest.

LA LÉGISLATION

de la Propriété littéraire et artistique en Roumanie

LES DROITS DES AUTEURS ROUMAINS ET ÉTRANGERS

PAR CONSTANTIN HAMANGIN

Procureur près la Cour d'Appel de Jassy.

> « C'est un des caractères principaux du droit de la
> propriété littéraire, que d'être essentiellement
> international. »
>
> LABOULAYE.

> « Tous ces droits (de propriété littéraire et artisti-
> que) appartiennent aussi aux auteurs, dessina-
> teurs, traducteurs des pays étrangers, à condition
> qu'il y ait réciprocité. »
>
> *(Art. 2 de la loi Roumaine de 1862.)*

Je tiens à dire, dès le commencement de mon étude, que la législation de notre pays respecte et garantit le droit de propriété littéraire et artistique. Elle garantit non seulement les droits des auteurs roumains, mais ceux des étrangers aussi, de la même manière et sous les mêmes conditions, en contraste avec la législation de beaucoup d'autres pays, qui ne reconnaissent pas ce droit aux étrangers (1).

D'ailleurs, il ne pouvait pas en être autrement. La plus grande partie de notre législation civile et pénale ayant emprunté les principes de sa législation à notre sœur aînée la France, il était tout naturel que les mêmes données libérales, généreuses et justes règnent dans notre loi. Et cela date de 1862.

Rien de plus juste et de plus équitable. La propriété littéraire et artistique, ou, en d'autres termes, la propriété des

---

(1) Voir le texte, *infra*.

œuvres intellectuelles, comme toute autre propriété. réside dans le travail. la vraie source de n'importe quelle propriété. « La propriété est la juste rémunération du travail : là est sa source vive. sa légitime et puissante base », disaient des adversaires de Proudhon. « La plus sacrée. la plus légitime. la plus inattaquable et, si je pouvais m'exprimer ainsi. la plus personnelle des propriétés, c'est l'ouvrage. fruit de la pensée humaine », disait Chapelier avec beaucoup de raison. en 1791. Plus tard, Lakanal, le rapporteur de la loi française de 1793.— la première loi qui ait conçu l'idée de la protection des propriétés littéraires, — disait : « De toutes les propriétés. la moins susceptible de contestation, c'est sans contredit. celle des productions du génie. »

C'était un faible et tardif tribut de reconnaissance et de justice qu'on donnait à ceux qui. après avoir sacrifié leur fortune et leur vie pour produire des œuvres immortelles, en élevant et en cultivant nos cœurs. nos âmes et nos cerveaux, ne trouvaient dans la loi. pour le respect des droits qu'ils avaient sur leurs œuvres, pas même la protection qu'on accorde au plus humble possesseur d'une chose mobilière.

Mais ce n'est pas à nous de discuter la belle et très controversée question si la propriété intellectuelle est ou non une véritable propriété, ayant tous les droits et tous les éléments caractéristiques de la propriété de droit commun ou bien si elle n'est qu'une propriété *sui generis*, un simple droit d'auteur, un privilège. Nous en avons parlé d'une manière très détaillée dans nos travaux antérieurs : *La Propriété Littéraire et Artistique* et *Ecrivains et Artistes. études sur leurs droits,* — publiés en 1893 et 1897. — travaux dans lesquels nous avons démontré, à l'aide des moyens trouvés dans la doctrine générale, que la propriété littéraire et artistique ne peut pas être considérée comme un simple privilège. ou comme un simple droit d'auteur, mais comme un véritable droit de propriété, qui contient en soi ce que les anciens romains appelaient dans leur terminologie juridique *usus. fructus* et *abusus.*

Ce que nous voulons élucider ici. c'est l'état de la législation roumaine et l'esprit dont elle est dominée. pour le respect des droits de propriété littéraire et artistique des auteurs roumains et étrangers. Nous voudrions qu'on ne prétendît plus. ainsi que font les étrangers surtout. que nous n'avons pas de lois qui garantissent le travail des auteurs étrangers et que dans notre pays le brigandage littéraire trouve champ libre. Tous les auteurs étrangers, sous la condition très juste de la réciprocité légale ou diplomatique, peuvent s'adresser à nos Tribunaux pour réclamer le respect de leurs droits légitimes et ils peuvent être certains que les Tribunaux leur donneront gain de cause (1).

Il y a quelques années, le regretté Jean Gascogne, dans un article intitulé « Piraterie littéraire », publié dans la revue *La Vie contemporaine*, en protestant contre les traductions et les reproductions parues dans les journaux de Roumanie sans l'autorisation des auteurs, disait que « cette confusion du tien et du mien devrait cependant avoir un terme, et, puisque la législation roumaine nous permet de protéger nos œuvres, il serait peut-être bon d'y faire appel ». C'est le même conseil que nous donnons aux auteurs étrangers. Il n'y avait qu'une difficulté, c'était la nécessité du dépôt en Roumanie et le caractère de ce dépôt était controversé : était-ce un dépôt attributif de propriété, c'est-à-dire nécessaire pour créer le droit, ou un simple dépôt déclaratif exigé seulement pour intenter les poursuites ? (2) Mais la loi du 23 mars 1904 (3) a supprimé toute obligation de dépôt pour faire valoir les droits de propriété littéraire et artistique (4).

C'est dans l'intérêt même de notre littérature nationale que les droits des auteurs étrangers doivent être protégés. C'est dans notre intérêt, comme peuple jaloux du progrès de notre langue, sous la forme artistique des productions littéraires, peuple dont la littérature se développe chaque année de plus en plus, en prenant son vol vers le beau et le sublime (5). Grâce à la protection des droits des auteurs étrangers, nous pourrons peut-être échapper à ce déluge de mauvaises traductions, non autorisées, faites par des personnes absolument étrangères à la littérature, qui empoisonnent le goût du grand public lecteur, parce qu'on traduit n'importe quoi et que le plus souvent

---

(1) C'est ce que n'a cessé de répéter M. T.-G. Djuvara dans les Congrès de l'Association littéraire et internationale, depuis 1883. (Voir, notamment, sa communication au Congrès de Paris, en 1900, p. 54 et 128. Cf. comptes rendus de la Conférence de Berne en 1883, des Congrès d'Amsterdam, de Vevey, de Turin, de Naples, de Weimar, de Marseille.)

(2) Voir jurispr. citée au Congrès de Paris, 1900, p. 133.

(3) Cette loi est due à l'initiative du président roumain de l'Association littéraire et artistique internationale, T.-G. Djuvara, alors sénateur, et qui, au Congrès de Marseille, annonçait le vote de la loi et sa portée. (Compte rendu de Marseille, 1904, p. 173.) Cf. *infra*, p.

(4) Voir *infra*, p.   , et jurisprudence relative à cette loi.

(5) Voir, au Congrès d'Amsterdam, Bulletin de juillet 1884, p. 26, la communication de T.-G. Djuvara sur la littérature roumaine.

les traducteurs ne connaissent bien ni la langue roumaine, ni la langue originale. En imposant aux trafiquants de mauvaises littératures étrangères le respect des droits de ceux qu'ils traduisent, nous paralyserons leur industrie néfaste, qui est un fléau pour notre littérature nationale, honnête et sereine (1).

Il y a quelques années, pendant que j'étais premier procureur au Tribunal d'Ilfoc, j'avais proposé à mon ministre, le grand homme d'Etat Eugène Halesco, de poursuivre d'office les contrefacteurs, en vertu de l'article 339 du Code pénal roumain qui déclare que la contrefaçon des œuvres littéraires constitue un délit. Mais l'obligation du dépôt de l'œuvre, en vertu de l'article 9 de la loi de 1862, rendait la question délicate.

La législation roumaine se compose actuellement de la loi sur la presse de 1862, moins l'article 9, et des articles 339, 342 et 398 du Code pénal roumain.

___

(1) En France même, on se plaint de l'invasion des mauvaises traductions d'œuvres étrangères médiocres. (Voir article de Henry Bordeaux, dans le *Figaro* du 17 mai 1906.)

I

La Législation roumaine à l'égard des Roumains

Loi sur la presse de 1862.

Le premier chapitre de cette loi, — ayant pour but la protection des droits d'auteur, — est intitulé : *Sur la Propriété Littéraire*, et contient onze articles. Il est encore en vigueur, aucune loi ultérieure n'ayant modifié ou abrogé ses dispositions primitives, relativement à la question de la propriété littéraire. Au contraire, les dispositions de ce premier chapitre qui traite *de la propriété littéraire* sont corroborées par l'article 19 de la Constitution de 1866, qui dit : *toute propriété, de n'importe quelle nature, est sacrée et inviolable.* La doctrine et la jurisprudence roumaines sont d'accord à ce point de vue.

Ce chapitre de la propriété littéraire, dans la loi sur la presse, est la reproduction presque fidèle de la loi française du 19 juillet 1793 sur la propriété littéraire, loi qui a servi de modèle au législateur roumain, qui n'a pas appliqué le principe de la propriété aux œuvres littéraires et artistiques; car, du moment que notre loi, ainsi que la loi française, limite les droits d'auteur à un certain nombre d'années, il est fort difficile d'admettre que cette limite ne contredise pas le caractère d'une vraie propriété. En tant que les droits d'auteur ne peuvent être exercés que pendant un certain temps, et en tant que, une fois ce laps de temps expiré, l'auteur est dépossédé de son droit, sans rien avoir en échange, — une pareille loi, malgré son titre, ne peut pas avoir force de loi. En effet, voici le texte de ce premier chapitre de la loi de 1862, chapitre intitulé « Sur la propriété littéraire » :

ARTICLE PREMIER. — Les auteurs de toutes œuvres littéraires, les compositeurs, les peintres ou les dessinateurs, qui auront gravé ou lithographié leurs tableaux ou leurs dessins, jouiront, durant leur vie, en pleine propriété, du droit exclusif de reproduire et de vendre leurs œuvres dans les Principautés (1), ou de transmettre cette propriété à d'autres, ce droit leur étant reconnu par les lois en vigueur.

Art. 2. — Les héritiers ou les cessionnaires, auxquels ils auraient passé leurs droits, jouiront du même droit, pendant dix ans, après la mort de l'auteur ou du compositeur.

Art. 3. — Les journaux et les autres feuilles périodiques sont la propriété des personnes ou des sociétés qui les publient ; le droit de propriété leur est garanti dans les termes des articles ci-dessus. Quant aux articles dont les auteurs ou propriétaires voudraient interdire la reproduction, ils devront porter en tête l'indication « reproduction interdite », — ceci, bien entendu, seulement en ce qui concerne les articles littéraires et scientifiques.

Art. 4. — **Les compositions dramatiques, dans les délais ci-dessus, ne peuvent être ni publiées, ni représentées sur aucun théâtre sans l'autorisation des auteurs.**

Art. 5. — Font exception les traductions, chacun étant libre de traduire à sa manière l'original d'une œuvre. De même, les abréviations, les critiques et les commentaires ayant pour but de mettre le public au courant de la valeur d'une œuvre, et qui ne sont pas considérées comme portant atteinte au droit de propriété.

Art. 7. — **Toutes les autorités administratives sont obligées de confisquer, sur la demande et au profit de l'auteur, du compositeur, du dessinateur, du traducteur ou de leurs héritiers et cessionnaires, tous les exemplaires des éditions imprimées, gravées ou lithographiées sans l'autorisation spéciale et écrite des propriétaires.**

Art. 7. — **En dehors des exemplaires confisqués, le contrefacteur devra payer au propriétaire une somme représentant la valeur de 1,000 exemplaires de l'édition originale.**

Art. 8.—Tout vendeur d'une édition contrefaite — s'il n'est pas en même temps contrefacteur, — payera au propriétaire une somme représentant le prix de 200 exemplaires.

Art. 9. — (Abrogé par la loi du 23 mars 1904.)

Art. 10. — Dix ans après la mort de l'auteur, toute œuvre tombe dans le domaine public et n'importe qui est libre de la reproduire.

Art. 11. — **Tous ces droits seront décernés et aux auteurs, compositeurs, dessinateurs et traducteurs de pays étrangers, à condition qu'il y ait réciprocité.**

La propriété des œuvres littéraires

Ainsi que nous montre le contenu du premier article de cette loi, les auteurs de toute sorte d'œuvres jouissent, pendant leur vie, en pleine propriété, des bénéfices que pourraient leur apporter leurs œuvres intellectuelles. Ils peuvent, en plus, vendre ou céder le droit de propriété littéraire. Et, puisque le législateur roumain a omis de spécifier le genre des œuvres que

---

(1) En 1862, l'Union des principautés qui forment la Roumanie n'était pas reconnue.

devrait contenir le cadre de ce premier article, il s'ensuit que n'importe quelle production du cerveau humain doit être protégée, pourvu qu'elle soit la création personnelle d'un écrivain et qu'elle constitue une œuvre nouvelle et originale. Etant donnés les termes larges de la loi, on doit admettre comme pouvant être protégés les compilations, les annotations, les commentaires. C'est la solution de la doctrine et de la jurisprudence françaises.

La loi protège, non seulement les productions écrites ou imprimées, mais aussi les productions orales, ainsi que les discours parlementaires, lorsqu'ils sont réunis en volume, les cours des professeurs, les plaidoyers des avocats, etc.

Le caractère très général des termes de l'article premier de la loi est, du reste, confirmé par l'article 339 du Code pénal roumain, qui dit :

Toute édition d'œuvres, de compositions musicales, de peinture *ou de toute autre production*, qui sera imprimée ou gravée, par n'importe quels moyens, sans l'autorisation de l'auteur, sera considérée comme contrefaçon, et toute contrefaçon constitue un délit.

Il n'y a aucun motif pour refuser la protection aux œuvres des auteurs anonymes ou pseudonymes, puisque la loi ne prévoit aucune disposition qui oblige l'auteur à déclarer son nom.

Mais, si l'auteur est anonyme, qui aura à exercer ses droits, si ces droits venaient à être violés ? L'éditeur, bien entendu, — car, entre l'éditeur et l'auteur, on suppose toujours l'existence d'un contrat. Si, plus tard, l'auteur se dévoile, jetant l'anonymat, il rentre directement dans ses droits.

Parmi les œuvres protégées, il faut entendre les lettres missives. Quoique le destinataire en soit le propriétaire matériellement, le droit de les publier appartient exclusivement à l'auteur, à celui qui les a écrites.

La Cour de cassation de Roumanie a décidé que, « les droits « du destinataire à l'égard d'une lettre qui lui a été adressée « doivent leur existence uniquement à la tradition. Une lettre « étant confidentielle, et dans l'intention de celui qui l'a écrite, « et dans celle de celui qui l'a reçue, il s'ensuit naturellement « que le destinataire ne l'a reçue qu'avec l'engagement tacite « de ne pas se considérer comme étant le propriétaire de cette « lettre, mais comme un simple dépositaire. Ce rapport entre « l'auteur d'une lettre confidentielle et son destinataire s'im- « pose par un sentiment tout naturel, qui nous ferait voir un

« abus de confiance de la part du destinataire, s'il prétendait
« user de cette lettre comme si c'était son propre bien ».

Propriété des productions dramatiques et musicales.

Le droit des auteurs dramatiques et des compositeurs se
décompose en deux parties bien distinctes : le droit de publication et le droit de représentation, indépendants l'un de l'autre.
L'article 4 de la loi roumaine de 1862, sur la propriété littéraire, dit que les compositions dramatiques ne peuvent être
représentées sur aucun théâtre et ne peuvent non plus être
publiées sans l'autorisation de l'auteur. De même, l'article premier de la loi de 1862, déclare que : « les auteurs de toute
« sorte d'œuvres, les compositeurs, etc., jouiront, durant leur
« vie, *en pleine propriété...* ».

D'autre part, l'article 342 du Code pénal roumain, contient
la sanction suivante :

Tout directeur, tout entrepreneur de théâtre, toute association
d'artistes qui représenterait une œuvre théâtrale sans l'autorisation
de l'auteur, sera puni d'une amende de 25 à 250 francs et de la confis-
cation des sommes encaissées aux représentations.

En ce qui concerne la durée de ces droits, la loi roumaine
de 1862 a assimilé le droit de représentation, au droit de publication.

Le droit de publication est tout à fait indépendant du droit
de représentation : La cession de l'un n'implique pas la cession
de l'autre, de sorte que le directeur d'un théâtre auquel on a
cédé le droit de représentation d'une œuvre, ne peut pas préten-
dre qu'il a le droit de publier aussi cette œuvre, de même que
l'éditeur d'une pièce de théâtre, auquel on a cédé le droit de
publication, n'a pas le droit de représenter cette pièce.

On peut poursuivre la répression du délit d'une représentation illicite, même dans le cas, où l'on ne pourrait pas poursuivre le délit de contrefaçon.

Mais que doit-on entendre par « représentation illicite » ?
Renouard soutient que toute exécution publique, faite sans
l'autorisation de l'auteur, constitue une violation des droits de
cet auteur. Incontestablement, lorsqu'il s'agit d'une représentation privée, ayant un caractère intime et sans but pécuniaire,
il n'y a pas atteinte sur les droits de l'auteur. Il est vrai que
la loi roumaine de 1862, ne fait aucune différence entre les

représentations publiques et privées; mais il est certain que l'intention du législateur ne pouvait être autre. `

Tout ce que nous venons de dire sur la représentation des productions dramatiques s'applique identiquement aux œuvres musicales. Celles-ci, de même que celles-là, ne peuvent être représentées en public sans l'autorisation de l'auteur.

En quoi consiste cette autorisation ? La loi française du 19 janvier 1791 insiste sur ce fait, que le consentement de l'auteur doit être formel et écrit. La loi roumaine de 1862 ne demande tout simplement que *l'autorisation* de l'auteur, sans spécifier sous quelle forme elle doit être donnée. D'où l'on peut conclure que, chez nous, la simple autorisation verbale de l'auteur est suffisante pour qu'une représentation puisse avoir lieu. Il n'en est pas de même du droit de publication des œuvres littéraires, scientifiques ou artistiques. Pour les reproduire, l'article 6 de la loi de 1862 exige une *autorisation expresse et écrite* des auteurs ou des propriétaires.

Nous pouvons ajouter que lorsqu'il s'agit de la représentation d'une œuvre dramatique musicale, dans laquelle la musique constitue la partie principale, le consentement du compositeur seulement sera considéré comme suffisant pour que l'œuvre puisse être représentée.

La propriété des productions artistiques.

Les productions artistiques, littéraires, dramatiques et musicales sont aussi protégées par la loi roumaine de 1862 sur la propriété littéraire. L'article premier de cette loi dit clairement : « Les auteurs de toute sorte d'œuvres... les peintres ou les dessi- « nateurs, *qui auraient gravé ou lithographié leurs tableaux ou* « *leurs dessins,* jouiront, durant toute leur vie, du droit exclusif « de reproduire et de vendre leurs œuvres, ou de céder à d'au- « tres ce droit de propriété. » A ce que l'on voit, le législateur roumain, ayant pour modèle la loi française de 1793, ne parle dans cet article que des artistes peintres ou des dessinateurs et de leurs tableaux. Sur les artistes sculpteurs et sur leurs œuvres, rien. On ne peut pas dire cependant que la sculpture ne peut servir comme base d'un droit de propriété et par consé- quent d'un droit de reproduction exclusive. C'est une simple omission de la part des législateurs roumains et français, omission qui ne peut être due qu'à la trop grande étendue du sens de ce premier article de la loi, article conçu dans des termes généraux, ce qui fait qu'il nous est permis d'y concentrer toutes les productions de l'esprit humain, y compris donc les œuvres des artistes sculpteurs. L'article 339 du Code pénal confirme encore plus cette interprétation. Cet article, qui défend et sanctionne le droit de propriété littéraire et artistique, dit :

> Toute édition d'œuvres littéraires, de compositions musicales, de dessins, de peintures, ou de toute autre production, qui aurait été imprimée ou gravée, par n'importe quel moyen, sans l'autorisation de l'auteur, sera considérée comme contrefaçon, et toute contrefaçon constitue un délit.

Ce qui veut dire que, d'après la loi roumaine de 1862, tous les auteurs d'œuvres d'art jouissent, pendant toute leur vie, du droit exclusif de propriété, ainsi que du droit exclusif de la reproduction de ces œuvres, en transmettant ces droits après leur mort, aux héritiers, aux termes et limites de l'article 2 de la loi.

Etant donné le progrès réalisé dans l'art de la photographie, surtout dans ces derniers temps, on ne peut plus soutenir aujourd'hui que la photographie n'est qu'une simple opération mécanique ou chimique. Non seulement la doctrine, mais la jurisprudence a reconnu aux artistes photographes un droit de propriété sur leurs productions, de sorte que l'article premier de la loi de 1862 garantit leurs œuvres aussi.

Articles de journaux.

L'article 3 de la loi de 1862 contient des dispositions détaillées concernant la propriété des journaux, des revues et des articles parus dans ces journaux ou revues : « Les journaux et « les autres feuilles feuilles périodiques sont la propriété des « personnes ou des sociétés qui les publient, et le droit de « propriété leur appartient. Quant aux articles dont les auteurs « ou les propriétaires voudraient interdire la reproduction, ils « devront porter en tête l'indication « reproduction interdite ». « Ceci, bien entendu, seulement en ce qui concerne les articles « littéraires et scientifiques. »

On voit que la loi roumaine de 1862 est très claire et complète sur la protection de la propriété des feuilles quotidiennes, des revues et des articles qu'elles contiennent. Elle est même, à ce sujet, beaucoup plus explicative et plus catégorique que la loi française de 1793, qui, à cause de son insuffisance, a donné lieu à beaucoup de controverses.

La loi ne protège que les articles littéraires et scientifiques ; cette dernière dénomination contenant toute sorte d'articles de science proprement dite, de sciences juridiques, politiques, sociales, économiques, etc. Signés ou non, de pareils articles de fond, des vraies productions intellectuelles, appartiennent exclusivement à l'auteur et pas même le directeur du journal ou de la revue ne peut s'assumer à leur égard un droit quelconque, sans une convention spéciale, intervenue entre lui et l'auteur. Le seul fait d'avoir publié un article dans un journal n'implique pas la cession de cet article envers le directeur du journal. Et la loi exige que les articles dont les auteurs ou les propriétaires voudraient défendre la reproduction dans d'autres journaux, portent l'indication que « *la reproduction est interdite* ».

Propriété des titres.

En principe, le titre d'une œuvre littéraire ou musicale, ainsi que le titre d'un journal, sont la propriété exclusive de celui ou de ceux qui l'ont adopté les premiers. Ils sont donc susceptibles du droit de propriété littéraire. Nous devons faire une distinction entre les titres individuels et les titres généraux, ou bien, suivant la classification de M. Victor Taulet, — dans son travail *Sur la propriété des œuvres de la pensée*, — entre les titres nécessaires et les titres arbitraires. Dans la première catégorie on pourrait mettre tous les titres qu'on donne habituellement à certaines connaissances spéciales, titres qui ne peuvent pas être remplacés par d'autres, leur emploi ayant été admis par tradition. Il est facile à comprendre que ces titres, donnés d'une manière générale, ne peuvent pas constituer, pour celui qui les a employés, un droit de propriété privative. Ainsi, par exemple : dictionnaires, almanachs, calendriers, guides, etc. Il en est de même des titres des manuels didactiques ; ils ne peuvent pas avoir, par leur nature même, un caractère distinctif. Lorsqu'il s'agit des soi-disant titres individuels, c'est tout à fait autre chose : Ce genre de titres, créés par l'inspiration de l'auteur, ou employés par lui pour la première fois, a un caractère tout à fait personnel et se distingue complètement des autres ; ils sont donc susceptibles de propriété et appartiennent à celui qui les a employés en premier. Ainsi : *La nouvelle Héloïse, Les Rougon-Macquart, La Dame aux Camélias*, etc.

On peut donc tirer comme conclusion que lorsqu'un auteur

quelconque, — dans le but de procurer à son œuvre un plus grand succès, ou bien de produire une confusion dans l'esprit public, — aura emprunté le titre à l'œuvre d'autrui, il pourra être poursuivi pour délit de contrefaçon, par l'auteur du titre usurpé.

La différence, faite par la doctrine et la jurisprudence entre les titres généraux et les titres individuels ou arbitraires, n'a plus raison d'être, lorsqu'il s'agit des titres des journaux. La moindre ressemblance entre les titres de deux journaux peut donner lieu à des confusions qui constituent, pour le public, d'abord une perte de temps, puis un moyen qui ne saurait que les discréditer, étant donné que, la plupart du temps, le nom d'un journal constitue pour les lecteurs sa principale garantie des idées qu'il contient et des opinions politiques ou littéraires qu'il embrasse.

Elles sont nombreuses les décisions des différentes instances judiciaires de notre pays et de l'étranger, relativement à la propriété des titres des journaux.

Nous pouvons citer, chez nous, le cas des deux journaux tous les deux *La Guerre*, l'un surnommé *La Guerre-Weiss* et l'autre *La Guerre-Grandea*

L'usurpation, c'est-à-dire la reproduction exacte ou ressemblante du titre d'un travail ou d'un journal, constitue le délit prévu par l'article 339 de notre Code pénal, qui punit tous les contrefacteurs.

Propriété littéraire des collaborateurs.

Il arrive souvent qu'une production littéraire ou scientifique est le résultat de la collaboration de deux ou plusieurs auteurs. Cette collaboration est moins fréquente dans le domaine littéraire proprement dit ; par contre, on la trouve très souvent dans les productions théâtrales et scientifiques. Quelle est la situation juridique qui paraît en résulter ? Naturellement, cet état d'indivision, moyennant lequel deux ou plusieurs auteurs ont mis en commun leurs qualités personnelles pour faire quelque chose d'homogène et d'harmonieux. ne peut pas être soumis aux règles de droit commun, et particulièrement au principe de l'article 725 du Code Civil, qui déclare qu' « on ne peut obliger personne à rester dans l'indivision ». Ce principe peut être appliqué lorsqu'il est question d'une valeur pécuniaire, mais nullement lorsqu'il s'agit d'une production intellectuelle. Le but d'un écrivain est double : d'une part, la réputation, — et d'autre, le profit pécuniaire. Il est vrai que l'un de ces deux intérêts justifie une publication,   mais il n'est pas moins vrai que l'autre principe s'y oppose.

Relativement à cet état d'indivision intellectuelle, il s'est souvent présenté une question très délicate. Supposons deux écrivains qui ont collaboré à un drame ou à une comédie. L'œuvre étant achevée, l'un d'eux veut à tout prix la publier, tandis que l'autre s'y oppose, ayant des motifs assez sérieux et légitimes. Même dans le cas où les deux écrivains auraient eu, dès le commencement, l'intention de publier cette œuvre commune, il se pourrait qu'une fois l'œuvre terminée, l'un d'eux fût mécontent et ne la trouvât pas digne de son talent, ou de la renommée acquise parmi ses lecteurs. L'autre, au contraire, pourrait la croire parfaite et en déduire que la publication est indispensable. Qui pourrait établir, en ce cas, lequel des deux a raison ? Qui pourrait trancher le différend dans ce conflit si délicat ? C'est le Tribunal qui aura cette charge, charge d'autant plus ingrate que c'est plutôt une question d'intention, de fait et d'appréciation personnelle, qu'on ne saurait résoudre d'une manière générale et absolue par des arguments de droit. Des deux opinions personnelles, émises par les deux collaborateurs, l'une devra être sacrifiée et le Tribunal aura la mission très difficile de décider le sacrifice.

Dans une situation pareille, le Tribunal de la Seine s'est prononcé, le 19 août 1827, dans le sens que l'auteur qui refuse à l'autre le droit de publier l'œuvre faite en collaboration doit laisser à la charge de l'autre le soin de la publication, à ses risques et périls, à condition que son nom ne soit pas mis ni sur les brochures, ni sur les affiches.

Une autre question d'égale importance est de savoir comment régler le sort des héritiers. Ainsi, par exemple, l'un des collaborateurs meurt en 1907 ; ses héritiers vont exercer les droits que leur accorde la loi de 1862, parallèlement au collaborateur vivant. Supposons que cet autre collaborateur meurt en 1909. La question est : Que vont devenir les héritiers du premier collaborateur ? Le privilège que leur accorde la loi de la presse de 1862 commencera en 1907 ou en 1909 ? S'éteindra-t-il, par conséquent, en 1917 ou en 1919 ? A première vue, la première solution paraît la plus logique, mais elle se heurte, comme l'a fait observer Renouard, à une impossibilité pratique.

Le droit d'auteur, divisible dans son exercice, est indivisible

quant à sa durée. L'œuvre n'appartiendra au domaine public
que dix ans après la mort du dernier collaborateur (1).

Propriété des œuvres posthumes.

Comme la loi française de 1793 ne dit rien des œuvres posthumes, la loi roumaine de 1862 n'en a rien dit. L'une et l'autre
laissent inexpliquée cette importante question. Mais le règlement du 4 mai 1862 a copié le décret français du 1ᵉʳ germinal
an XIII :

Art. 4 du règlement roumain sur la presse. — Les propriétaires par
succession, ou par n'importe quel autre titre, jouiront des mêmes
droits que les auteurs, pour toutes les œuvres posthumes, lorsque ces
œuvres seront imprimées séparément, c'est-à-dire sans faire corps
avec une autre édition des œuvres publiées avant et déjà tombées dans
le domaine public.

La restriction de ne les pouvoir publier que séparément a
eu en vue d'abord l'intérêt des lecteurs, pour ne pas les forcer
d'acheter les œuvres complètes, au cas où ils n'auraient besoin
que des œuvres posthumes ; ensuite, si le législateur n'avait
pas imposé cette restriction, nous aurions pu voir des œuvres
tombées pendant quelque temps dans le domaine public, et
puis sorties de ce domaine par l'addition de nouvelles œuvres.

En observant avec attention les dispositions du décret de
germinal et l'article 4 du règlement de notre loi, on peut voir
que ces dispositions ne sont pas justes, du point de vue de
l'auteur, qu'on compare au détenteur de ses œuvres posthumes ;
— elles sont cependant nécessaires, du point de vue de l'utilité
sociale. Si cette loi n'existait pas, les propriétaires des œuvres
posthumes, n'ayant la perspective d'aucun profit, seraient
forcés de ne pas les publier, ou bien de tromper le public en les
donnant comme des productions à eux, et signées de leurs
noms, pour pouvoir bénéficier des droits que la loi accorde aux
auteurs. Le décret le Germinal a donc le mérite d'éviter cette
fraude, qui serait au détriment de l'intérêt social et très nuisible
au développement de la littérature d'un peuple.

---

(1) C'est la solution qui vient d'être donnée par la Cour de Paris. Arrêt du
9 décembre 1905. (*Ann. Prop. ind.*, 1906, p. 177.) C'est deux solutions de la loi
belge du 22 mars 1886 (art. 5).

Les droits d'auteur et les droits de l'époux survivant.

La loi de 1862 ne dit rien à ce sujet et aucune autre loi postérieure n'est venue élucider la situation juridique.

Il en résulte que le sort des droits de l'époux survivant sera soumis aux principes généraux de la succession, principes contenus dans l'article 650 et suivants du Code civil et spécialement dans les articles 679-685.

Les droits des héritiers de l'auteur.

Les héritiers sont les représentants du défunt ; au point de vue des œuvres, ils sont les continuateurs de la personne de l'auteur mort ; ils héritent des manuscrits et, ayant tout intérêt que le nom de la famille ou celui de **de cujus** soit respecté, ils tâcheront d'être très prudents, en ce qui concerne la publication des manuscrits inédits, ces publications endommageant parfois la mémoire ou la renommée de l'auteur mort.

Le droit des héritiers n'est que de dix ans après la mort de l'auteur ou du compositeur.

Aucune distinction entre les divers héritiers; la conséquence est donc que toutes les règles spéciales contenues dans le Code civil au chapitre « Des successions » leur seront applicables. Ainsi, d'après les articles 679 et 680 du Code civil, lorsqu'un défunt n'a ni parents, ni enfants naturels, ni époux survivant, la succession revient à l'Etat. Il est vrai que la loi de 1862 ne dit mot à ce sujet ; mais ces conséquences résultent d'une manière implicite des dispositions générales du Code civil.

Droits des cessionnaires d'un auteur.

Même durée du droit que pour les héritiers. Il est à remarquer que le terme de dix ans auquel la loi roumaine limite les droits des cessionnaires est trop court et en défaveur de l'auteur. Les cessionnaires ayant en vue ce trop petit nombre d'années et ne pouvant pas prévoir la durée de la vie de l'auteur, n'achèteront jamais à un prix convenable les cessions faites par les auteurs.

Il est temps, croyons-nous, que cette disposition soit modifiée.

La cession d'une œuvre littéraire, dramatique ou artistique, à quelque titre qu'elle soit faite, à titre onéreux ou gratuit, n'est autre chose qu'une convention, soumise à toutes les règles du droit commun, sans autres formalités ou dispositions spéciales. Tous les principes du Code civil ont leur application la plus naturelle dans les contrats de cette catégorie, sans aucune autre interprétation. C'est dans le Code civil donc qu'il faudra chercher leur solution.

Nous avons vu quelles sont les règles de la transmission légale, en parlant des droits de l'époux survivant et des héritiers. Voyons maintenant quelles sont les règles générales de la transmission conventionnelle.

La propriété littéraire est cessible. La cession peut être totale ou partielle et peut comprendre ou le droit de propriété lui-même, ou seulement le droit de publier un nombre quelconque d'éditions. En tout cas, il faut avoir en vue le contrat conclu entre les deux parties, car, d'après l'article 1312 du Code civil, tout pacte obscur sera interprété contre le vendeur.

En ce qui concerne la durée des droits du cessionnaire, ainsi que nous venons de voir, elle est égale à celle pendant laquelle pourraient jouir, d'après la loi, l'auteur et ses héritiers, c'est-à-dire, en supposant une cession totale, le cessionnaire aura le droit exclusif de reproduction, tant que vivra l'auteur et dix ans après sa mort. L'intérêt du cessionnaire est, par conséquent, que l'auteur vive le plus longtemps possible. Si nous admettons maintenant l'hypothèse du suicide d'un auteur, il est certain que le cessionnaire aura le droit de demander la réduction ou la résiliation de ses engagements, pour cette simple raison que la durée de son profit a été interrompue par l'auteur lui-même. On pourrait argumenter contre cette opinion que la cession d'une œuvre littéraire est un contrat aléatoire et que par conséquent le cessionnaire est obligé à supporter toutes les conséquences qui pourraient en résulter, quelle que soit leur nature.

Que décider s'il s'agit de la cession d'une œuvre future ? Le contrat est-il valable en ce cas ? N'y aurait-il pas un réel danger de permettre aux auteurs imprévoyants d'engager leur avenir ? A première vue, oui ; mais toute autre est la marche des choses. Ainsi, un auteur qui prendrait la charge d'écrire un livre pour un libraire, ou une comédie pour un directeur de théâtre, signerait, par ce fait, un contrat valable de tous les points de vue ; l'auteur accepterait une obligation *de faire*, qui, n'étant pas respectée, aboutirait à un procès en dommages-intérêts.

Pour qu'une cession soit parfaite, elle doit émaner d'une personne capable. Ceux qui n'ont pas une capacité juridique parfaite doivent la compléter par l'obtention des autorisations indispensables. Pour prouver une cession, le contrat n'est pas de toute nécessité ; les présomptions sérieuses, précises et concordantes sont suffisantes pour que le Tribunal puisse décider.

En cas de cessions successives, on doit appliquer l'article 1182 du Code civil, qui considère comme cessionnaire effectif son acte de cession.

Obligations de l'auteur. — Celui qui « vend a deux obligations principales — dit l'article 1313 du Code civil — : donner l'objet et en répondre ». Donc, tout auteur qui se décide à céder, à vendre son œuvre à une tierce personne, est obligé de la mettre à la disposition du cessionnaire, en garantissant cette œuvre contre toute fraude, — c'est-à-dire ne pas lui donner, par exemple, une œuvre traduite ou plagiée, au lieu d'une œuvre originale. Ces obligations, du reste, sont sujettes à des variations, suivant la nature de la cession, totale ou partielle. Si l'auteur n'a fait que la cession d'une seule édition, il doit attendre que cette édition soit complètement épuisée pour en publier à son tour une autre.

La cession suscite souvent une question d'une très grande importance. Admettons qu'un auteur ait cédé ses œuvres à un libraire-éditeur. A-t-il le droit d'introduire des changements dans ces œuvres ? En ce qui concerne la forme extérieure, il peut, il doit même, corriger toutes les erreurs qui auraient pu avoir une influence sur le contenu, en obscurcissant le sens. Mais en ce qui concerne le fond, les idées et leurs tendances, l'auteur ne peut introduire des changements que si ces changements ne modifient en rien le caractère essentiel de l'œuvre, car la plupart du temps la valeur d'un livre consiste dans les idées et leurs tendances.

Pour ce qui est de l'éditeur, même lorsqu'il devient propriétaire exclusif par une cession totale, il ne peut, sous aucun motif, modifier en quoi que ce soit le contenu d'un livre.

Les Droits et les obligations de l'éditeur. — L'éditeur auquel un auteur a vendu ses droits de publication, ne peut pas, après être devenu le propriétaire de cette œuvre, par la cession totale de ces droits, ne plus publier l'œuvre. En payant à l'auteur le prix de la cession, il ne s'est pas complètement dégagé des obligations prises envers l'auteur. Il est contraint de publier l'œuvre cédée, ceci étant sans doute l'intention la plus logique et la plus manifeste des parties contractantes.

M. Renouard trouve que l'éditeur est obligé de faire paraître un nombre d'éditions, indéfini, l'une après l'autre, autant qu'il en faudra, — sitôt qu'une édition a été épuisée. C'est une opinion qui pourrait être nuisible même aux lecteurs, car elle substituerait à leur volonté et liberté, une soi-disant intention des contractants.

M. Gastambide atténue la théorie de M. Renouard. Il est d'avis que « les tribunaux auront à décider en fait si l'éditeur « qui se refuse à donner une édition nouvelle use raisonnable- « ment du droit qui lui appartient de choisir le moment oppor- « tun pour une publication, ou s'il paralyse, sans motifs suffi- « sants, le droit qui appartient à l'auteur de donner à son « ouvrage toute la publicité ».

L'éditeur doit aussi respecter l'obligation d'imprimer une œuvre, en y mettant le nom de son auteur. Lorsque la cession est partielle, il doit se restreindre dans les limites fixées par le contrat. Ainsi, par exemple, lorsqu'on ne lui a cédé que la publication d'une seule édition, il doit non seulement ne pas publier une deuxième, mais pas même un nombre d'exemplaires plus grand que le nombre convenu.

Si un auteur, ou son représentant, conclut une cession partielle avec un éditeur, il peut se réserver, par contrat, le droit de surveiller la réalisation des conditions stipulées dans le contrat, soit par la numérotation des exemplaires, soit par la signature.

Un cas pareil s'est présenté devant le Tribunal commercial de Bucarest, qui par sa sentence n° 184 du 1er février 1893, a tranché le différend entre Mme S. Ispiresco, la veuve du célèbre conteur V. Ispiresco, et l'éditeur Steinberg, relativement à la cession partielle du droit de publication et de vente d'un volume intitulé « Légendes ou contes roumains », — volume dont Mme Ispiresco lui avait cédé la publication, à condition que le nombre des exemplaires ne dépasse pas 4,000 et que tous les exemplaires portent sa signature. L'éditeur ayant passé outre, — en mettant en vente un nombre plus grand d'exemplaires, non signés par conséquent par Mme Ispiresco, — la veuve de l'auteur a demandé au Tribunal la résiliation du contrat et 10,000 francs comme dommages-intérêts. Le Tribunal ayant analysé le fait, a décidé : « Considérant que de l'interro- « gatoire mis au dossier, les factures présentées par la plai- « gnante, ainsi que des dépositions des témoins proposés par « la défense, on constate que M. Steinberg, en imprimant les

« 4,000 exemplaires, contre les dispositions du contrat, a mis
« en vente des exemplaires non signés par Mme Ispiresco ;

« Considérant que l'obligation de donner ou de faire se
« transforme en perte, toutes les fois qu'une des parties ne
« respecte pas les conditions du contrat ;

« Que, en espèce, H. Steinberg, mettant en vente des exem-
« plaires non signés par Mme Ispiresco a violé une des condi-
« tions du contrat, en lui causant par ce fait des dommages,
« que le Tribunal évalue à la somme de mille francs, sans qu'il
« y ait lieu de résilier le contrat... »

Et ce ne sont pas les seules difficultés qui pourraient se
présenter. Ainsi, en cas de mort ou de faillite de la part de
« l'éditeur, cet accident étant survenu avant la publication
d'une œuvre cédée ou même pendant, la résiliation du contrat
s'ensuit-elle *ipso facto* ?

Supposons aussi que l'éditeur veuille céder, à son tour, les
droits qu'un auteur lui avait cédés. Le peut-il ?

Chez nous, pas plus qu'en France, il n'y a une jurisprudence constante. Il faut tenir compte des causes et des circons-
tances qui ont provoqué le contrat et des intentions de ceux
qui ont contracté.

Créanciers des auteurs.

Lorsqu'il s'agit des créanciers d'un auteur, la première
question qui s'impose est la suivante : les droits des auteurs
sur leurs œuvres sont-ils saisissables ou non ? La nature
spéciale de ce droit fait que, lorsque nous voulons appliquer
aux créanciers les règles du droit commun, surgit une foule
de difficultés.

Il faut faire une différnce, dès le commencement, entre le
cas où l'œuvre est déjà publiée et celui où elle se trouve à l'état
de manuscrit.

Suivant l'opinion presque unanime des jurisconsultes, *le
manuscrit est insaisissable*. L'opinion contraire serait une
flagrante violation de la liberté de conscience, elle toucherait
aux droits les plus sacrés de l'homme, qui est maître absolu
de sa pensée et des manifestations de cette pensée.

Lorsque l'œuvre a déjà été publiée, la pensée de l'auteur
n'est plus secrète, le public en a pris connaissance; tandis qu'à
l'état de manuscrit, sa valeur en argent était inappréciable,
après publication, par la volonté même de son auteur, elle est
devenue une source de bénéfices pécuniaires, l'écrivain a

donné au produit de son cerveau une forme matérielle et appréciable en argent. Les créanciers donc, auront le droit d'intervenir et de séquestrer les exemplaires non vendus, ou bien de saisir le droit de publication d'une nouvelle édition, pour couvrir le montant de la somme qui leur est due. Si l'auteur a cédé ses droits à un éditeur, n'étant donc plus le propriétaire de son œuvre, deux cas peuvent se présenter : 1° le prix de la cession a-t-il été versé ? les créanciers peuvent faire opposition et demander que ce prix leur soit versé, à eux; 2° le prix a déjà été payé ? l'œuvre est devenue la propriété de l'éditeur, propriété qui servira comme gage à ses créanciers. Ceux-ci, à leur tour, pourront demander au Tribunal l'autorisation d'exercer les droits de l'éditeur, conformément à l'article 974 du Code civil.

Suppression de toutes formalités.

Le législateur roumain a abrogé la formalité du dépôt exigé par l'article 9 de la loi de 1862, formalité qui constituait un inconvénient des plus graves, pour la protection des droits d'auteur. Les auteurs, — soit par l'ignorance des obligations de la loi, soit par négligence, — n'effectuaient pas le dépôt prévu par l'article 9, et perdaient ainsi le droit de traduire en justice les contrefacteurs, et de leur demander des dommages-intérêts. Cette formalité était encore plus difficile pour les auteurs étrangers, car en dehors de l'ignorance toute naturelle de nos lois, il y avait aussi l'impossibilité matérielle, causée par la distance et par une foule de difficultés.

Ce grand inconvénient n'existe plus depuis la loi du 23 mars 1904.

Au Sénat, M. le ministre plénipotentiaire, T.-G. Djuvara, rapporteur de cette loi, — à l'occasion de la discussion relative « aux obligations des ateliers d'arts graphiques envers les bibliothèques de l'Académie, de la Fondation Carol et de celle de Tassy, » à chacune d'elles, ils devaient envoyer deux exemplaires des œuvres imprimées, — a proposé et obtenu l'abrogation dans la loi de 1862, de l'article 9. relatif au dépôt.

Voici ce qu'il disait dans son rapport : « le Comité des « délégués. d'accord avec M. le ministre de l'Instruction publi-« que, propose l'abrogation de l'article 9 de la loi sur la presse « du 13 avril 1862, article qui est encore en vigueur. en vertu « d'une décision de la Haute-Cour de cassation. et qui a donné « lieu à des interprétations contradictoires devant les instances « judiciaires; les unes (le Tribunal d'Ilfor, 19 mai 1892, et la

« Cour d'appel de Galatz, 16 mai 1901); ont décidé que le dépôt
« prévu par la loi de 1862, n'est pas constitutif du droit de pro-
« priété; d'autres (la Cour d'appel de Bucarest, 21 janvier 1893),
« ont décidé le contraire; de sorte, que les auteurs qui ne
« feraient pas ce dépôt ,perdraient leur droit de propriété. En
« fait, les auteurs ne font pas ce dépôt au ministère de l'Ins-
« truction publique. En supprimant donc l'article 9 de la loi
« de 1862, on tranchera la controverse, et les auteurs ne seront
« plus exposés à perdre injustement le fruit de leur travail ».

A la suite de ce rapport, et de celui déposé à la Chambre des
députés par M. J. Bianu, professeur universitaire et membre
de l'Académie, le Sénat et la Chambre ont voté « la loi sur les
obligations des ateliers d'arts graphiques, envers les bibliothèques de l'Académie, de la Fondation Carol et de celle de
Tassy », loi qui a été promulguée et publiée dans l'*Officiel*
du 23 mars 1904, et qui, dans son dernier article, déclare :
« L'article 9 de la loi sur la presse de 1862, ainsi que les dispo-
« sitions et le règlement de la loi du 13 avril 1885, sont et
« restent abrogés ». Ainsi disparut des lois roumaines l'obligation du dépôt.

L'abrogation de l'article 9 a eu, en outre, comme conséquence implicite, l'abrogation du règlement du 4 mai 1862, en
ce qu'il était la mise en exécution de l'article 9 de la loi sur la
presse. (1) Les dispositions de la loi roumaine sont de beaucoup plus libérales et moins formalistes que les dispositions
de la loi de 1793, qui est encore en vigueur en France, et
dont l'article 6 dit : « Faute de quoi, il ne pourra être admis
« en justice, pour la poursuite des contrefacteurs ».

En Roumanie, avant la loi de 1904, qui a abrogé le dépôt,
la doctrine et la jurisprudence roumaine considérait le dépôt
comme un simple acte déclaratif, — et il y a plusieurs sentences
de nos tribunaux, qui décident que le droit de propriété littéraire ne peut pas être conditionné par l'existence ou non-exis-
tence d'une semblable formalité, et que le droit de propriété
littéraire ou artistique existe sans l'effectuation du dépôt.
Cependant, la question soulevait assez souvent des controverses. Aujourd'hui, par l'abrogation de l'article 9 de la loi de
1862, les controverses deviennent impossibles (2). La législation
des droits d'auteur en Roumanie, a donc fait un grand pas, de

---

(1) Seul, l'art. 4 de ce règlement, relatif aux œuvres posthumes paraît
subsister.
(2) Voir en annexe l'arrêt de la Cour d'appel de Bucarest, du 24 mai 1906.

ce point de vue, en obtenant ainsi place parmi les plus libérales et les plus progressistes des législations.

La contrefaçon.

Conformément à l'article 339 du Code pénal, la contrefaçon des œuvres littéraires et artistiques constitue un délit. Le ministère public peut donc d'office, sans que la partie lésée ait porté plainte, ouvrir une action publique, en traduisant en justice les contrefacteurs des productions intellectuelles. Ce droit, ce devoir, ne fait plus doute maintenant qu'il n'y a plus obligation de dépôt, particulièrement pour les contrefaçons d'œuvres étrangères, car les auteurs étrangers, ayant domicile loin de notre pays, ne peuvent pas être au courant de toutes les traductions non autorisées de leurs œuvres.

La répression est édictée par les articles 339, 340, 341 et 342 de notre Code pénal :

ART. 339. — Toute édition d'œuvres littéraires, de composition musicales, de dessins, de peintures ou de toute autre production, qui aurait été imprimée ou gravée par n'importe quel moyen, sans le consentemnt de l'auteur, sera considérée comme contrefaçon, et toute contrefaçon est un délit.

ART. 340. — La vente des œuvres contrefaites, ou l'introduction en Roumanie de publications qui, après avoir été imprimées chez nous, ont été contrefaites à l'étranger, sera aussi considérée comme un délit.

ART. 341. — La peine infligée aux contrefacteurs ou aux introducteurs sera une amende de 50 à 1,000 francs, et pour le vendeur de 26 à 250 francs ; quant aux éditions contrefaites, elles seront confisquées au préjudice des contrefacteurs, des introducteurs et des vendeurs.

ART. 342. — Tout directeur, tout entrepreneur de théâtres, toute association d'artistes qui aura représenté des œuvres théâtrales sans le consentement des auteurs, seront punis d'une amende de 26 à 250 francs et la recette réalisée sera confisquée. Dans les cas prévus par ces quatre articles (339, 340, 341 et 342), le produit des sommes confisquées sera donné au propriétaire à titre de dommages-intérêts.

D'autre part, la loi de 1862 contient les dispositions suivantes :

ART. 6. — Toutes les instances administratives sont obligées à confisquer, — sur la demande et au profit de l'auteur, du compositeur, du dessinateur, du traducteur ou de leurs héritiers et cessionnaires, — tous les exemplaires des éditions imprimées, gravées ou lithographiées, sans une autorisation expresse et écrite de la part des propriétaires.

ART. 7. — En dehors des exemplaires confisqués, tout contrefacteur est obligé de payer au propriétaire une somme équivalente à la valeur de 1,000 exemplaires de l'édition confisquée.

Pour les contrefacteurs insolvables, l'amende se transforme, de plein droit, en prison, conformément au principe général établi par l'article 28 du Code pénal roumain, la durée de l'emprisonnement étant calculée suivant les dispositions de cet article, mais ne pouvant jamais dépasser un an. Naturellement, en cas d'absence de l'auteur, ces droits de réclamer et de demander une pénalité contre les contrefacteurs appartiennent aux héritiers de l'auteur ou à leurs cessionnaires. La durée de leurs droits, conformément aux principes établis par l'article 2 de la loi de 1862, est fixée à dix ans après la mort de l'auteur, les cessionnaires pouvant jouir de ces droits et pendant la vie de l'auteur, à partir du moment où le contrat a été signé.

La contrefaçon peut être totale ou partielle. La première consiste en la reproduction intégrale de l'œuvre d'un auteur, sans son consentement. Une œuvre est contrefaite, même lorsqu'on a changé le titre, le format ou les divisions par chapitres. (Victor Janlet, *De la Protection des Œuvres de la Pensée.*)

La contrefaçon partielle consiste en un changement de la forme ou du style d'une œuvre, en compilant le fond ou le plan. Or, la forme, le fond et le plan d'un travail littéraire ou artistique, étant la création personnelle d'un écrivain ou d'un artiste, la loi les protège d'une manière égale ; par conséquent, la contrefaçon existe même lorsqu'on ne copie qu'un de ces trois éléments.

Un dernier mot pour finir la question du délit de contrefaçon. Nous avons montré que les lois qui sanctionnent les pénalités prévues contre les contrefacteurs sont : les articles 339, 340, 341 et 342 du Code pénal, et les articles 6 et 7 de la loi de 1862. Il est impossible de soutenir que ces deux derniers articles de la loi de 1862, sont remplacés par les dispositions des articles 341 et 342 du Code pénal de 1864, — car, quoique tous les quatre ont pour but la pénalité infligée aux contrefacteurs, et les dommages-intérêts accordées à l'auteur, elles contiennent toutefois des dispositions différentes, qui, loin d'être en contradiction, se complètent les unes les autres. Du reste, comme preuve qu'elles sont encore en vigueur et par conséquent applicables, nous avons l'explication donnée par l'article 398 du Code pénal de 1864, qui déclare :

Sont et restent abrogées toutes les législations pénales antérieures de Roumanie, sauf les dispositions relatives aux délits de presse prévus dans la loi de 1862.

II

Les droits des auteurs étrangers en Roumanie

Nous avons fait voir, dès le commencement de notre étude, combien était erronée l'opinion de ceux qui soutiennent que le droit de propriété littéraire et artistique des étrangers, n'est pas garanti en Roumanie par les lois en vigueur. Nous avons démontré combien nos lois sont méconnues par ces journalistes étrangers, qui ont donné l'alarme, à plusieurs reprises, en soutenant que chez nous, la piraterie littéraire trouvait champ libre.

Nous allons montrer maintenant, dans ce chapitre-ci, que, non seulement le droit de propriété littéraire et artistique des étrangers est complètement garanti par la législation existante, mais que les droits des auteurs étrangers sont beaucoup plus largement protégés par les lois roumaines, que le sont les droits des auteurs roumains par les lois des pays étrangers. Ainsi, tandis que dans d'autres pays, par exemple, en France et en Italie, pour qu'un auteur étranger puisse être admis en justice à réclamer ses droits de propriété littéraire ou artistique, il doit d'abord prouver devant la juridiction à laquelle il s'adresse, qu'il a effectué *le dépôt*, « faute de quoi il ne pourra être admis en justice pour la poursuite des contrefacteurs ». D'après nos lois, cette formalité, très incommode et injuste, n'est pas exigée, de sorte que les auteurs étrangers peuvent réclamer leurs droits d'auteur devant les tribunaux roumains, sans buter dès le commencement contre cet obstacle, sans trouver en travers de leur chemin cette « fin de non-recevoir ». A ce point de vue, la législation roumaine, en matière de propriété littéraire et artistique, est supérieure à celles de beaucoup de pays qui, quoique ayant une littérature nationale très riche et exempte de toute concurrence, ne garantissent pourtant pas si largement les droits des auteurs étrangers.

La loi roumaine exige seulement que l'Etat auquel appartient l'auteur étranger garantisse aux Roumains, par réciprocité, la propriété littéraire, dans l'étendue de leurs territoires.

Incontestablement, au point de vue de nos intérêts intellectuels, de notre pays, ces dispositions, surtout à l'époque où elles ont été légiférées, quand la littérature nationale n'était pas si développée qu'aujourd'hui, étaient défavorables à notre pays. Les droits des auteurs roumains n'étaient point menacés, car la littérature roumaine et l'art roumain étaient à peine en formation et n'avaient donc rien à craindre de la contrefaçon. Le législateur roumain avait, par conséquent, fait preuve d'une grande libéralité, de beaucoup d'esprit d'équité et d'un grand désintéressement.

L'article 11 de la loi n'exige pas que la réciprocité résulte de conventions diplomatiques; *la réciprocité légale* suffit.

Il est vrai qu'il existe, entre nous et la France, une convention du 3 avril 1893, — le premier article d'un traité de commerce, — qui a eu en vue la propriété littéraire; mais il nous semble que cette disposition conventionnelle est absolument superflue.

Les pays dont les lois ont admis la protection par réciprocité sont : l'Italie, l'Espagne, l'Autriche (sans la Hongrie), la Norvège, le Portugal et la Suisse. La France et le Danemark sont les seuls pays dont les lois proclament la garantie *absolue* des droits des auteurs étrangers, *sans condition de réciprocité.*

Il est singulier que la France, si libérale dans sa protection des auteurs étrangers, ait maintenu l'obligation du dépôt pour être admis à exercer des poursuites en contrefaçon.

La France, le flambeau de la lumière et de la justice, ne devrait pas souffrir que sa législation contienne une disposition contraire aux principes généreux, qui animent toute manifestation du génie français. En supprimant cette formalité, il n'y aurait plus cette inégalité de droits et de traitements entre les auteurs français et étrangers. Comment ! Les auteurs français en Roumanie ne sont pas obligés d'effectuer le dépôt pour faire valoir leurs droits en justice, et nous, les Roumains, nous ne pouvons poursuivre les contrefacteurs français, avant d'avoir rempli en France la formalité du dépôt. C'est injuste. Et c'est pourquoi nous nous récrions contre cette injustice, ainsi que contre l'article 21 de la loi de 1882, qui exige un dépôt contenant déclaration de réserve des droits de l'auteur, dans les trois ans de la publication ou de la représentation (1).

---

(1) Il faut observer, qu'aux termes de l'art. 27 de la loi italienne, le retard dans le dépôt ne prive pas l'auteur de ses droits ; la seule sanction du retard, c'est que l'auteur ne pourra s'opposer à la vente des contrefaçons déjà imprimées ou introduites à l'étranger.

Arrêt de la Cour d'appel de Bucarest
du 24 Mai 1906

Semblables dispositions devraient disparaître de toutes les législations.

« La Cour,

« Considérant que la loi du 23 mars 1904, dans son article final a expressément abrogé l'article 9 de la loi sur la presse du 1er avril 1862, ainsi que les dispositions de la loi de 1885, en les remplaçant par d'autres dispositions :

« Que, dans le but de conserver pour les générations futures tout le produit de l'activité intellectuelle du pays, cette loi oblige seulement les propriétaires d'ateliers d'arts graphiques à déposer un certain nombre d'exemplaires à l'Académie roumaine ou à la Bibliothèque centrale de Tassy, ainsi qu'à la Fondation Carol, et ce uniquement sous peine d'amende et dommages-intérêts au civil au profit des bibliothécaires au cas de contravention (art. 1, 5 et 9) ;

« Que les auteurs ou éditeurs ne sont tenus d'envoyer leurs œuvres aux bibliothèques précitées que dans le cas où les propriétaires des ateliers n'auraient pas effectué cet envoi, ou que leurs établissements auraient été fermés (art. 4) :

« Que les auteurs roumains ou étrangers qui ont leur domicile dans le pays et qui font imprimer leurs œuvres à l'étranger, pour les mettre dans le commerce en Roumanie sont tenus d'envoyer lesdites œuvres aux bibliothèques nationales (art. 4) :

« Considérant que, de ces dispositions de la loi de 1904, il résulte indubitablement que, dans l'état actuel de notre législation, la formalité d'un dépôt légal n'existe plus pour personne en vue de constater et de sauvegarder les droits des auteurs ou de leurs cessionnaires ; que l'obligation de l'envoi des ouvrages aux bibliothèques nationales a un autre objet et un autre caractère que celui du dépôt anciennement prévu par l'article 9 de la loi sur la presse de 1862 et qu'il a, par suite, d'autres conséquence, au cas de non-accomplissement ; qu'à la suite de la suppression de l'article 9 et étant données les nouvelles dispositions légales, les droits des auteurs étrangers domiciliés à l'étranger ne sont plus le moins du monde périclités, comme l'a affirmé, à juste titre, le rapporteur de la loi de 1904 devant le Sénat, ces auteurs n'étant plus tenus à aucune sorte de dépôt, ni même à l'envoi de leurs œuvres aux bibliothèques ;

« Que, tel étant l'esprit de la loi de 1904, les auteurs habitant des pays étrangers, ou leurs cessionnaires, sont admis à poursuivre des contrefacteurs pour les délits prévus par les articles 339 et suivants du Code pénal, sans avoir à justifier d'un dépôt quelconque et à la seule condition de faire la preuve de leur droit exclusif de propriété sur les œuvres en question et de l'existence de la réciprocité exigée par l'article 11 de la loi sur la presse, réciprocité qui peut être purement et simplement légale ou reconnue par voie diplomatique, en tant que cet article ne fait aucune objection à ce sujet ;

« Considérant, en l'espèce, qu'il est certain que les lois françaises qui régissent les parties civiles appelantes prévoient que les auteurs étrangers, dont les gouvernements n'ont pas adhéré à la convention internationale de Berne, jouissent toutefois en France de la même protection que les auteurs français, sous la seule condition de la réciprocité ;

« Que, par suite, une réciprocité légale, dont parle l'article 11 de la loi sur la presse de 1862, existant entre la France et la Roumanie, les parties civiles appelantes et le ministère public sont en droit d'exercer des poursuites contre Degen et Dumitresco, pour les contrefaçons postérieures au 22 mars 1904, bien qu'il n'ait été effectué aucun dépôt.

« Qu'il est vrai que les auteurs roumains, afin de pouvoir poursuivre les contrefacteurs en France, sont tenus de justifier qu'ils ont effectué le dépôt prévu par les lois françaises, tandis que les auteurs français, pour être admis à exercer leurs droits en Roumanie, ne sont plus astreints à une semblable obligation ; que, néanmoins, cet état de choses, favorable aux étrangers, sévère pour les Roumains, ne saurait influencer en rien sur le droit de poursuite en soi qu'ont les auteurs étrangers dans notre pays, puisqu'il est une conséquence inévitable des dispositions plus libérales de notre loi de 1904, laquelle, jusqu'à conclusion d'une convention spéciale, doit être appliquée telle qu'elle a été faite ;

« En fait, en ce qui concerne l'inculpé Degen ;

« Vu que, du procès-verbal du 25 janvier 1905, dressé par le premier procureur, il est constaté qu'à cette date, c'est-à-dire onze mois après la mise en application de la loi de 1904, au cours d'une perquisition faite à la librairie Degen, calla Victorie, n° 68, on a découvert plusieurs exemplaires de compositions musicales telles que *Amoureuse, Réponse à l'amoureuse, Vous êtes si jolie,* 1ʳᵉ et 2ᵉ *valses* et autres, que Degen reconnaît avoir éditées ;

« Considérant que les parties civiles ont prouvé par les actes présentés, et qui n'ont pas été contestés, en l'instance, que ces œuvres sont la propriété des auteurs Berger, Durand, Delmet, Saint-Saëns, et que ceux-ci leur ont cédé régulièrement leurs droits sur lesdites œuvres ;

« Que Degen ne conteste pas avoir édité ces compositions de musique, sans l'autorisation des auteurs français ou de leurs cessionnaires ;

« Que, au cours de la perquisition, le représentant de Degen a prétendu, en présence des procureurs, que les morceaux *Amoureuse* et *Réponse à l'amoureuse* avaient été édités sur la base d'une convention que Degen aurait eue avec la maison Littolff, de Brunswich, laquelle, à son tour, détiendrait ses droits de Enoch, de Paris ; que cependant la preuve de cette allégation n'a aucunement été faite et qu'elle n'a même plus été soutenue devant la Cour ;

« Que Degen ayant continué, ultérieurement à la loi du 23 mars 1904, à éditer lesdites compositions musicales, bien qu'il n'ignorât pas qu'elles n'étaient point sa propriété, a évidemment agi avec l'intention frauduleuse de réaliser un bénéfice illicite, au préjudice des auteurs ou des cessionnaires de leurs droits ;

« Que la circonstance alléguée par lui que d'autres libraires éditeraient les mêmes compositions musicales, dans des conditions analogues, ne le justifie en aucune façon et ne dénote pas sa bonne foi ;

« Qu'un préjudice effectif, bien qu'il ne soit pas justifié par les parties civiles, est néanmoins possible, ce qui est suffisant pour l'existence légale du délit de contrefaçon ;

« Que, en conséquence, les éléments constitutifs du délit prévus par l'article 330 du Code pénal étant établis, Degen s'est rendu passible de la pénalité édictée par l'article 341 dudit code;

« En ce qui concerne l'inculpé Dumitresco, absent :

« Vu que les parties civiles ont soumis à la Cour deux cahiers jaunes imprimés, portant comme titre « Editions de musique. J. Dumitresco. Bucarest. Roumanie (Europe) 1904 » ;

« Considérant que, parmi ces cahiers, se trouvent, entre

autres, également publiées, les compositions musicales *Amoureuse* et *Loin du pays*, de Berger, 1re *et* 2e *valses*, ainsi que *Annette et Lubin*, de Durand, la *Gavotte* de Saint-Saëns et *Vous êtes si jolie*, de Delmet, — morceaux qui sont, par cession, devenus la propriété des parties civiles ;

« Considérant que ces publications, avec mention de prix et destinées à la vente, constituent de la part de Dumitresco la reconnaissance du fait qu'en 1904 il a édité lesdites compositions musicales ;

« Qu'en première instance il n'a été ni prouvé, ni soutenu qu'il aurait eu l'autorisation des auteurs ou de leurs cessionnaires, pour les éditer en Roumanie ;

« Qu'en éditant ces morceaux de musique dans de semblables conditions, sachant bien qu'il n'avait aucun droit de propriété sur eux, il est de toute évidence que, de même que Degen, il a agi dans l'intention frauduleuse de porter préjudice aux auteurs ou à leurs cessionnaires, en leur faisant une concurrence illicite et en leur causant un préjudice éventuel ;

« Que, dans ces conditions, il appert que cet inculpé a commis également le délit de contrefaçon, prévu et puni par les articles 339 et 341 du Code pénal ;

« Considérant que l'inculpé doit réparer le préjudice causé par ses délits ; qu'après appréciation et en comparant les prix auxquels les parties civiles vendent les œuvres suscitées au public, avec les prix auxquels lesdites contrefaçons sont vendues, la Cour fixe le quantum des dommages-intérêts civils à la somme de deux cents francs, que chacun des inculpés est respectivement condamné à payer à chacune des parties civiles ;

« Vu également les articles 339 et 341 du Code pénal, dont il a été donné lecture en l'audience par M. le président et dont la teneur est la suivante :

« Art. 339 : Toute édition écrite, de compositions musicales, de dessins, de peintures, ou de toutes autres productions, qui auraient été imprimée ou gravée, à l'aide de n'importe quel procédé, sans le consentement des auteurs, est une contrefaçon et toute contrefaçon est un délit. »

Art. 341 : La peine contre le contrefacteur ou l'introducteur sera une amende de 100 à 2,000 francs et le débitant une amende de 26 à 500 francs. »

« Considérant que, en conséquence, les appels étant fondés, en ce qui concerne les contrefaçons postérieures à la date du

23 mars 1904, il y a lieu d'admettre lesdits appels et de réformer la sentence d'acquittement du Tribunal ;

« Pour ces motifs :

« Au nom de la loi,

« La Cour décide :

« Admet aussi bien l'appel de M. le procureur général de la Cour que l'appel des parties civiles A. Durand et fils et Enoch et Cᶦᵉ, de Paris ;

« Réforme la sentence de la 4ᵉ Chambre du Tribunal d'Ilfor, n° 1710 du 17 décembre 1905 ;

« Et, faisant application des articles 349 et 441 du Code pénal ;

« Condamne respectivement Georges Degen et Zamfir Dumi-tresco à 100 francs d'amende chacun, au profit de l'Etat, avec application de l'article 28 du Code pénal, au cas d'insolvabilité ;

« Condamne en outre chacun des deux inculpés à payer à chacune des parties civiles 200 francs de dommages-intérêts civils ;

« La présente décision est rendue avec droit de recours et d'opposition pour l'inculpé absent.

« Donnée et lue en séance publique de ce jour, en date du 24 mai 1906. »

Signés : Alexandre-D. Dobviceano,

G. Tleislein,

St. Niculesco.

G. Duzdugan.

Pour le greffier : Manolesco.

Le pourvoi formé contre cet arrêt a été rejeté par la Cour de cassation le 17 juillet 1906.

Paris. — Soc. anon. de l'Impr. Kugelmann (L. Cadot, dir.). 12, rue Grange-Batelière.

EXTRAIT DES STATUTS

I

L'Association littéraire et artistique internationale, fondée par [...] sion du Congrès littéraire international, en date du 28 juin 18[..] la présidence d'honneur de Victor Hugo, a pour objet la défense [...] propagation des principes de la propriété littéraire et artistique [inter]nationale, et est chargée spécialement de l'organisation des Con[grès] littéraires et artistiques internationaux.

Elle défend les intérêts des écrivains et des artistes de tous pay[s] établit entre eux des liens de confraternité.

II

L'Association se compose : 1° d'un Comité d'honneur perma[nent]; 2° d'un Comité exécutif ; 3° de membres adhérents ; 4° de [Sociétés] affiliées.

III

Le siège de l'Association est à Paris. L'Association est admin[istrée] par le Comité exécutif, auquel chaque Congrès donne pouvoir [jusqu'à] la réunion du Congrès suivant.

EXTRAIT DU RÈGLEMENT

Art. 7. — Sont membres donateurs tous les adhérents a[ctuels] de l'Association qui ont fait un don d'au moins 500 francs.

Art. 8. — Sont membres de l'Association tous ceux qui, [quelle que soit la] nationalité qu'ils appartiennent, adhèrent aux statuts et [s'engagent à] aider à l'exécution des décisions du Congrès et à fournir tous [les ren]seignements de nature à faciliter l'œuvre du Comité exécutif.

Ils ont le droit d'assister à tous les Congrès et bénéfic[ient des] faveurs et diminutions de tarifs obtenues par l'Association.

Art. 9. — La demande d'admission doit être signée de deux [pa]rains appartenant à l'Association. L'admission est prononcée [par le] Comité exécutif au scrutin secret et à la majorité des membre[s dont se compo]sent le Comité régulièrement assemblé. Le droit d'entrée [est de] 20 francs.

Art. 10. — La cotisation annuelle est de 20 francs. Elle peut [être] rachetée moyennant une somme de 300 francs une fois payée. [Le] Comité exécutif fixe chaque année le droit de Congrès.

Art. 11. — Les membres associés reçoivent les publications [de] l'Association, ont droit d'entrée au Congrès et peuvent réclamer [le] concours de l'Association dans tous les cas où il leur semble néce[ssaire,] sous réserve de l'approbation du Comité.

Art. 12. — En ce qui concerne l'affiliation des Sociétés litt[éraires] ou artistiques, la cotisation annuelle est de 100 francs et donne [droit à] l'admission de cinq membres, avec dispense de droit d'entrée.

Les Sociétés affiliées reçoivent les publications de l'Associa[tion,] entretiennent avec elle un échange d'informations et de conse[ils] relatives aux questions littéraires et artistiques.

Leurs membres ont les droits stipulés à l'article 9 ci-de[ssus par] leur participation aux Congrès annuels.

Ils n'ont pas à acquitter de droits d'entrée lorsqu'ils dem[andent à] faire partie de l'Association.